古龙诞辰80周年
纪念手册

一笑

目　录

一、关于“武侠”——古龙

听说倪匡准备写《中国武侠小说史》，对一个写武侠小说的人说来，这实在是件非常值得欢喜兴奋的事。

武侠小说之由来已久，武侠小说之不被重视，由来也已久，现在终于有人挺身而出，为这种小说作一个有系统的纪录，使它日后也能在小说的历史中占一席地。这件工作的本身，已无疑是武侠小说历史中的一大盛事；只要是写武侠小说的人，都应该来共襄盛举。

所以我也不免见猎心喜，只可惜我既没有倪匡兄那么大的魄力，也没有那么大的本事。我只不过像是个献曝的野人，想把我对武侠小说的一点点心得和感想写出来，既不能算正式的纪录，更不能算严肃的评论。

假如它还能引起读者诸君一点点兴趣，为倪匡兄的工作作一点铺路的工作，我就已心满意足了。

01

关于武侠小说的源起，一向有很多种不同的说法——自太史公的《游侠列传》开始，中国就有了武侠小说——这当然是其中最堂皇的一种，但接受这种说法的人并不多。

因为武侠小说是传奇的，如果一定将它和太史公那种严肃的传记相提并论，就未免有点自欺欺人了。

在唐人的小说记事中，才有些故事和武侠小说比较接近。

《唐人说荟》卷五，张鷟的《耳目记》中，就有段故事是非常传奇、非常“武侠”的：

> 隋末，深州诸葛昂，性豪侠，渤海高瓚闻而造之，为设鸡肫而已，瓚小其用。明日大设，屈昂数十人，烹猪羊等长八尺，薄饼阔丈余，裹馅粗如庭柱，盘作酒碗行巡，自作金刚舞以送之。
>
> 昂至后日屈瓚，屈客数百人，大设，车行酒，马行炙，挫碓斩脍，硙轹蒜齑，唱夜叉歌，狮子舞。
>
> 瓚明日设，烹一双子十余岁，呈其头颅手足，座客皆攫喉而吐之。
>
> 昂后日报设，先令美妾行酒，妾无故笑，昂叱下。须臾蒸此妾坐银盘，仍饰以脂粉，衣以绫罗，遂擘腿肉以啖，瓚诸人皆掩目。昂于奶房间撮肥肉食之，尽饱而止。
>
> 瓚羞之，夜遁而去。

这段故事描写诸葛昂和高瓒的豪野残酷，已令人不可思议，这种描写的手法，也已经和现代武侠小说中比较残酷的描写接近。

但这故事却是片断的，它的形式和小说还是有段很大的距离。

当时，民间的小说、传奇、评话、银字儿中，也有很多故事是非常“武侠”的。譬如说，盗盒的红线、昆仑奴、妙手空空儿、虬髯客，这些人物，就几乎已经和现代武侠小说中的人物互无分别。

武侠小说中，最主要的武器是剑，关于剑术的描写，从唐时开始，就有很多比现代武侠小说中的描写更神奇。

红线和大李将军的剑术，已被渲染得几近神话。但有关公孙大娘的传说，却无疑是有根据的，绝非空中楼阁。

杜甫的《观公孙大娘弟子舞剑器行》，其中对公孙大娘和她弟子李十二娘剑术的描写，就是非常生动而传神的。

“昔有佳人公孙氏，一舞剑器动四方。观者如山色沮丧，天地为之久低昂。霍如羿射九日落，矫如群帝骖龙翔。来如雷霆收震怒，罢如江海凝清光……”

杜甫是个诗人，诗人的描写，虽不免近于夸张，可是以杜甫的性格和他的写作习惯看来，他纵然夸张，也不会太离谱。

何况，号称“草圣”的唐代大书法家张旭，也曾自言：“始吾闻公主与担夫争路，而得笔法之意，后见公孙氏舞剑器，而得其神。”

由此可见，公孙大娘不但实有其人，她的剑术，也必定是非常可观的——剑器虽然不是剑，是舞，但是舞剑也必然可以算是剑术的一种，只可惜后人看不到而已。

那么，以此类推，武侠小说中有关武功的描写，也并非全无根据，至少它并不像一些“文艺界的卫道者”所说的那么荒谬。

这些古老的传说和记载，点点滴滴，都是武侠小说的起源，再经过民间的评话、弹词和说书的改变，才渐渐演变成现在的这种形式。

《彭公案》《施公案》《七侠五义》《小五义》和《三侠剑》等，就都是根据“说书”而写成的，已可算是我们这一代人所能接触到的最早的一批武侠小说。

《七侠五义》本来并没有七侠而是“四侠五义”，后来经过一代文学大师俞曲园（樾）先生的增订修改，加上黑妖狐智化、小诸葛沈仲元、小侠艾虎，才变为现在这种版本，而风行至今。所以严格说来，俞曲园也是我们这些“写武侠小说的”的前辈。

张杰鑫的《三侠剑》是比较后期的作品，所以它的形式和现在的武侠小说最接近。

这本小说中最主要的一个人物，本来应该是“金镖胜英”，他的“迎门三不过，甩头一字”和“鱼鳞紫金刀”，都是“天下扬名”的武器，但他却并不是个可以令人热血沸腾的英雄人物。

他太谨慎，太怕事，而且有点老奸巨猾，他掌门弟子黄三太的性格也一样。比起来，伤在黄三太镖下的山东窦尔墩，就比他们有豪气得多，但窦尔墩后来却偏偏又被黄三太的儿子黄天霸击败了。

胜英、黄三太、黄天霸，本是一脉相承的英雄，但却又偏偏都不是真正的典型英雄人物。

胜英是“剑客”艾莲迟的第四个徒弟，但武功比起他的师兄弟来，却差得很多，非但比不上他的大师兄“镇三山，辖五岳，赶浪无丝鬼见愁，大头鬼王”夏侯商元，就算跟他的五师弟“飞天玉虎”蒋伯芳、六师弟“海底捞月”叶潜龙比起来，也望尘莫及。

所以我以前一直想不通，张杰鑫为什么要将他书中的英雄写成这么样一个人，直到现在我才了解，他当时这么样写，是有他的苦衷的。

在清末那种社会环境，根本就不鼓励人们做英雄，老成持重的君子，才是一般人认为应该受到表扬的。

武侠小说也和别的小说一样，要受到社会习惯的影响，所以从一本武侠小说中，也不难看出作者当时的时代背景。

张杰鑫的这本《三侠剑》，非但结构散漫，人物也太多，并不能算是本成功的小说，因为这本小说，本来就不是有计划地写出来的，而是别人根据他的“说书”笔录的。叫座的说书，应听众和书场老板的要求，欲罢不能，只有漫无限制地延长下去，到后来当然难免会变得尾大不掉，甚至无法收场。

我特别提出这本书来，就因为后来所有的武侠小说，几乎全都犯了这种通病，人物和故事的发展，常常都会脱离主线很远。最显著的两个例子，就是平江不肖生的《江湖奇侠传》和还珠楼主的《蜀山剑侠传》。

02

平江不肖生和还珠楼主都是才气纵横、博闻强记的天才作家，他们的作品都是海阔天空、任意所之、雄奇瑰丽、变化莫测的。

平江不肖生向恺然，和三湘奇侠柳森严是同一时代的人物，他的《江湖奇侠传》据说就是根据柳森严的传说再加以渲染写成的，书中的主角——“金罗汉”吕宣良的弟子柳迟，就是柳森严的化身。

但后来故事的发展，已完全脱离了这条主线，前面写的绝顶高手，到后来竟变成了不堪一击的人物。很多人看这本书，都是看了一半兴趣就降低了，正如有些人看“红楼”只看前八十回，看“三国”看到死诸葛吓走活司马后就罢手一样。

因为后面的一段，看了实在有点叫人泄气，但前面的一段，却是非常精彩的，甚至可以说百看不厌，所以《江湖奇侠传》不但在当时可以轰动，而且在武侠小说中，也可算是本不朽的名著。

这种只有一半精彩的名著，例子并不少，《格列佛游记》和《镜花缘》也是这样的——最妙的是，这两本书本身也有很多相像的地方，前面的一半，都是假借一些幻想中的王国，来讽刺当时社会中的病态，和人性中可悲可笑的一面。

《格列佛游记》中，有大人国和小人国；《镜花缘》中，也有君子国和女儿国。这种奇妙的偶合，实在是非常有趣的。由此可见，东方人和西方人的思想哲学，在基本上并没有太大的分歧，只可惜后世的读者，往往只接受书中趣味的吸引，而忽略了其中的寓意。

《蜀山剑侠传》的结构虽然也很散漫，趣味却是一致的，每一个人物的性格，都绝对能前后呼应，每一个人的来历和武功，都交代得非常清楚，而且层次分明。若单以武侠小说而论，这本书无疑是要比《江湖奇侠传》成功。

除了写人物生动突出外，书中写景，也是一绝，写古代的居室之美，服用器皿之精，饮食之讲究，更没有任何一本武侠小说能比得上。看这本书的时候，无异同时也看了一本非常有趣的食谱和游记。

我一向认为武侠小说的趣味，本该是多方面的。多方面的趣味，只有在武侠小说中，才能同时并存。

——侦探推理小说中没有武侠，武侠小说中却能有侦探推理；言情文艺小说中没有武侠，武侠小说中却能有文艺言情。

这正是武侠小说一种非常奇怪的特性，像《蜀山剑侠传》的写法，正好能将这种特性完全发挥。

所以这种写作的方式，一直在武侠小说中占有非常重要的地位，还珠楼主李寿民也因此而成为承先启后、开宗立派的一代大师。

除了“蜀山”之外，还珠楼主的著作有《柳湖侠隐》《长眉真人传》《峨嵋七矮》《云海争奇记》《兵书峡》《青门十四侠》《青城十九侠》《蛮荒侠隐》《黑森林》《黑蚂蚁》《力》等，其中大多数都和“蜀山”有很密切的关系。

这些书，几乎没有一部是真正完整结束的，因为他写的局面实在太大，所以很难收拾残局，直到现在为止，还是有很多武侠小说会犯同样的毛病。

但是和还珠楼主同一时代的作者中，却有一个人从未受到他的影响，这人就是王度庐。

03

王度庐的作品，不但风格清新，自成一派，而且写情细腻，结构严密，每一部书都非常完整。

他的名著《鹤惊昆仑》《宝剑金钗》《剑气珠光》《卧虎藏龙》《铁骑银瓶》，虽然是同一系统的故事，但每一个故事都是独立的，都结束得非常巧妙。

他也是第一个将写文艺小说的笔法，带到武侠小说中来的人。

和他同时的名家，还有郑证因、朱贞木、白羽。除了这几人外，写《胜字旗》的还素楼主，写《碧血鸳鸯》的徐春羽，虽然也拥有很多读者，但比起他们来，就未免稍逊一筹了。

郑证因是我最早崇拜的一位武侠小说作家，他的文字简洁，写侠林中事令人如身历其境，写技击更是专家，几乎能将每一招、每一式都写得极生动逼真，所以有很多人都认为他本身也必定精于技击。

他是位多产作家，写的书通常都很短，所以显得很干净利落，其中最长的一部是《鹰爪王》，最有名的一部也是《鹰爪王》。他的写作路线，仿效的人虽不多，但是他书中的技击招式和帮会规模，却至今还被人在采用，所以他无疑也具有一派宗主的身份。

如果将当时的武侠小说分为五大派，还珠楼主、王度庐、郑证因、朱贞木、白羽，就是五大门派的掌门人。

朱贞木的《七杀碑》《罗刹夫人》《彦魔岛》《龙冈恩仇记》……

白羽的《十二金钱镖》《毒砂掌》《狮林三鸟》……

每一本都是曾经轰动一时的名著，都曾经令我废寝忘食，一看就是一个通宵。

除此之外，还有两部书虽然不太为人所知，却是我最偏爱的。

那就是白羽和于芳合著的《神弹乾坤手》和《四剑震江湖》。

我一直不知道于芳是个怎么样的人，为什么只写了这样短短的两部书，就不再有作品问世了。

事实上，这些名家的作品都不太多，而且在二十年前，就已几乎不再有新作问世，所以在四十和五十年代之间的一段时候，可以算是武侠小说最消沉的一段时候。

在这段时期中，只出了一位抄袭的“名家”，将还珠楼主书中的《黑摩勒》和《女侠夜明珠》，抄成了一部很畅销的武侠小说。

直到五十年代开始后，才有个人出来“复兴”了武侠小说，为武侠小说开创了一个新的局面，使得武侠小说又蓬勃发展了二十年。

在这二十年中名家辈出，作品之丰富和写作技巧的变化，都已到达一个新的高峰，比起还珠楼主他们的时代，尤有过之。

开创这个局面的人，就是金庸。

04

我本不愿讨论当代的武侠小说作者，但金庸却可以例外。

因为他对这一代武侠小说的影响力，是没有人能比得上的，近十八年来的武侠小说，无论谁的作品，多多少少都难免受到他的影响。

他融合了各家各派之长，其中不仅是武侠小说，还融会了中国古典文学和现代西洋文学，才形成了他自己的独特风格，简洁、干净、生动！

他的小说结构严密，局面虽大，但却能首尾呼应，其中的人物更栩栩如生，呼之欲出。

尤其是杨过。

杨过无疑是所有武侠小说中，最可爱的几个人的其中之一。

杨过、小龙女、郭襄间的感情，也无疑可以算是武侠小说中最动人的爱情故事之一。

最重要的是他创造了这一代武侠小说的风格，几乎很少有人能突破。

可是在他初期作品中，还是有别人的影子。

在《书剑恩仇录》中，描写“奔雷手”文泰来逃到大侠周仲英的家，藏在枯井里，被周仲英无知的幼子，为了一架望远镜出卖，周仲英知道这件事后，竟忍痛杀了他的独生子。

这故事几乎就是法国文豪梅里美最著名的一篇短篇小说的化身，只不过将金表改成了望远镜而已。

但这绝不影响金庸先生的创造力，因为他已将这故事完全和他自己的创造联成一体，看起来是一气呵成的。看到《书剑恩仇录》中的这一段故事，几乎比看梅里美《尼尔的美神》故事集中的原著，更能令人感动。

看到《倚天屠龙记》中，写张无忌的父母和金毛狮王在极边冰岛上的故事，我也看到了另一位伟大作家——杰克·伦敦的影子。

金毛狮王的性格，几乎就是“海狼”。

但是这种模仿却是无可非议的。

因为他已将“海狼”完全吸收溶化，已令人只能看见金毛狮王，看不见海狼。

武侠小说最大的优点，就是能包罗万象，兼收并蓄——你可以在武侠小说中写“爱情文艺”，却不能在“文艺”小说中写武侠。

每个人在写作时，都难免会受到别人影响的。“天下文章一大抄”，这句话虽然说得有点过火，却也并不是完全没有道理。

一个作家的创造力固然可贵，但联想力、模仿力，也同样重要。

我自己在开始武侠小说时，就几乎是在拼命模仿金庸先生。写了十年后，在写《名剑风流》《绝代双骄》时，还是在模仿金庸先生。

我相信武侠小说作家中，和我同样情况的人并不少。

这一点金庸先生也无疑是值得骄傲的。

金庸先生所创造的武侠小说风格虽然至今还是足以吸引千千万万的读者，但武侠小说还是已到了要求新、求变的时候。

因为武侠小说已写得太多，读者们也已看得太多了。

有很多读者看了一部书的前两本，就已经可以预测到结局。

最妙的是，越奇诡的故事，读者越能猜到结局。

因为同样“奇诡”的故事已被写过无数次了，易容、毒药、诈死、最善良的女人就是女魔头——这些圈套，都已很难令读者上钩。

所以情节的诡奇变化，已不能再算是武侠小说中最大的吸引力。

人性的冲突才是永远有吸引力的。

武侠小说中已不该再写神，写魔头，已应该开始写人，活生生的人！有血有肉的人！

武侠小说中的主角应该有人的优点，也应该有人的缺点，更应该有人的感情。

写《包法利夫人》的大文豪福楼拜曾经夸下一句海口。

他说：

“十九世纪后将再无小说。”

因为他觉得所有的故事情节，所有的情感变化，都已被十九世纪的那些伟大作家们写尽了。

可是他错了。

他忽略了一点。

纵然是同样的故事情节，如果从不同的角度去看，写出来的小说就是完全不同的。

人类的观念和看法，本来就在永远不停地改变，随着时代改变。

武侠小说写的虽然是古代的事，也未尝不可注入作家自己新的观念。

因为小说本来就是虚构的。

写小说不是写历史传记。写小说最大的目的，就是要吸引读者、感动读者。

武侠小说的情节若已无法再变化，为什么不能改变一下，写写人类的情感、人性的冲突，由情感的冲突中，制造高潮和动作。

05

武侠小说中当然不能没有动作，但描写动作的方式，是不是也应该改变了呢？

——这道人一剑削出，但见剑光点点，剑花错落，霎眼间就已击出七招，正是武当“两仪剑法”中的精华，变化之奇幻曼妙，简直无法形容。

……

这大汉怒喝一声，跨出半步，出手如电，一把就将对方的长剑夺过，轻轻一拗，一柄百炼精钢制成的长剑，竟被他生生拗为两段。

……

这少女剑走轻灵，身随剑走，剑随身游，霎眼之间，对方只觉得四面八方都是她的剑影，也不知哪一剑是实，哪一剑是虚？

……

这书生曼声长吟：“劝君更进一杯酒，西出阳关无故人。”掌中剑随着朗吟声斜斜削出，诗句中那种高远清妙、凄凉萧疏之意，竟已完全融入这一剑中。

……

郑证因派的正宗技击描写，“平沙落雁”“立鸟划沙”“黑虎偷心”“拨草寻蛇”；还珠楼主派的奇秘魔力、裸裎魔女……这些，固然已经有些落伍，可是我前面所写的那些“动作”，读者们也已看过多少遍了呢？

应该怎么样来写动作，的确也是武侠小说的一大难题。

我总认为“动作”并不一定就是“打”。

小说中的动作和电影不同，电影画面的动作，可以给人一种鲜明生猛的刺激，但小说中描写的动作没有这种力量了。

小说中动作的描写，应该是简短而有力的、虎虎有生气的、不落俗套的。

小说中动作的描写，应该先制造冲突，情感的冲突、事件的冲突，让各种冲突堆积成一个高潮。

然后再制造气氛，紧张的气氛、肃杀的气氛。

用气氛来烘托出动作的刺激。

武侠小说毕竟不是国术指导。

武侠小说也不是教你如何去打人、杀人的。

血和暴力，虽然永远有它的吸引力，但是太多的血和暴力，就会令人反胃了。

几乎所有的小说中，都免不了要有爱情故事。

爱情本来就是人类情感中最基本的一种，也是最早的一种，远比仇恨还要早。

我们甚至可以说，没有爱情，就没有人类。

几乎所有伟大的爱情故事中都充满了波折、误会、困难和危机，令读者为故事中相爱的人焦急流泪。

罗密欧与朱丽叶、梁山伯与祝英台、抱着桥柱而死的尾生……他们的困难虽能解决，但最后还是因为“误会”而死。

席格尔《爱情故事》中的男女主角，他们的爱情几乎可以说是完全顺利的，任何困难都没有能阻扰他们的爱情。

最后的结局却还是悲剧。

好像有很多人都认为爱情故事一定要是悲剧，才更能感人。

在武侠小说中，王度庐的小说正是这一类故事的典型。

尤其是《宝剑金钗》中的李慕白和俞秀莲，他们虽然彼此相爱很深，但却永远未能结合，有很多次他们眼见已将结合了，到最后却又分手。

因为李慕白心里总认为俞秀莲的未婚夫“小孟”是为他而死的，他若娶了俞秀莲，就不够义气，就对不起朋友。

这就是他们唯一不能结合的原因。

我却认为这原因太牵强了。

不但我认为如此，就连故事中的江南鹤、史胖子、德啸峰，连俞秀莲的师兄杨铁枪，也都认为这理由根本就不能成为理由。

可惜李慕白是个非常固执的人，无论别人怎么劝他，无论俞秀莲怎么样对他表示爱慕之意，到了最后关头，他还是用慧剑斩断了情丝。

有很多人也许会因此认为李慕白是条有血性、够义气的硬汉。

我却认为这是李慕白性格中最不可爱的一点。

我认为他提不起，放不下，不但辜负了俞秀莲的深情，也辜负了朋友们的好意。

他甚至连“小孟”都对不起，因为小孟临死时，是要他好好照顾俞秀莲的，因为小孟知道俞秀莲对李慕白的感情。

可是他却让俞秀莲痛苦了一生。

以现代心理学的观点看来，李慕白简直可以说是个有心理变态的人。

因为他的家庭不幸，从小父母双亡，他的叔父对他也不好，他从小就没有得到过爱，所以他畏惧爱，畏惧负起家庭的责任。

所以只要有女孩子爱他，他总是要逃避，总是不敢挺起胸膛来接受。

他对俞秀莲如此，对那可怜的风尘女子织娘也一样。

说得偏激些，他简直是个不折不扣的自怜狂。

这故事虽然无疑是成功的，不但能感动读者，而且能深入人心，我却不喜欢这故事。

我总认为人世间悲惨不幸的事已够多，我们为什么不能让读者多笑一笑？为什么还要他们流泪？

杨过和小龙女就不同了，他们的爱情虽然经过了无数波折和考验，但他们的爱心始终不变。

杨过爱小龙女是不顾一切、没有条件的，既不管小龙女的出身和年纪，也不管她是否被人玷污，他爱她，就是爱她，从不退缩，从不逃避。

我觉得这才是真正的男子汉大丈夫。

假如小龙女因为自觉身子已被人玷污，又觉得自己年纪比杨过大，所以配不上杨过，因此而将杨过让给了郭襄，而且对他们说："你们才是真正相配的，你们在一起才能得到幸福。"

假如故事真是这样的结局，我一定会气得吐血。

有些人也许会认为这故事的传奇性太浓，太不实际，但我却认为爱情故事本来就应该是充满幻想和"罗曼蒂克"的。

就因为我自己从小就不喜欢结局悲惨的故事，所以我写的故事，大多数都有很圆满的结局。

有人说：悲惨的情操比喜剧高。

我一向反对这种说法，我总希望能为别人制造些快乐，总希望能提高别人对生命的信心和爱心。

假如每个人都能对生命充满了热爱，这世界岂非会变得美丽得多？

有一次去花莲，有人介绍了一位朋友给我，他居然是我的读者。

他是个很诚实、很老实的人，这种人通常都吃过别人的亏，上过别人的当，他也不例外。

一夜在微醺之后，他告诉我，有一阵他也曾很消沉，甚至想死，但看了我的小说后，他忽又发现生命还是值得珍惜的。

我听了他的话，心里的愉快真像得到了最荣誉的勋章一样。

在我早期的小说《孤星传》里，我曾写过一个很荒唐的故事。

一个男孩子和一个女孩子，在他们去捉蝴蝶的时候，他们的家忽然被毁灭，等他们带着美丽的蝴蝶回去时，他们的父母亲人都已惨死，他们的家已变成一片废墟。

他们的年纪还小，但世界上却已没有他们可以依靠的人。

他们只有靠自己。

从此那男孩子就用尽一切力量，来照顾那女孩子，他吃尽了各种苦，受尽了饥寒的折磨，有了吃的和穿的，他总是先让给他的小情人。

在这种情况下，他的发育当然不能健全。

到后来他们终于遇到救星，有两位世外高人分别收容了他们。

男孩子跟着一个住在塔上的孤独老人走了，收容那女孩子的，却是位声名很显赫的女侠。

他们虽然暂时分别，但他们知道迟早总有再相聚的一天。

所以他们拼命努力，都练成了一身很高深的武功。

男孩子练的武功属于阴柔一类的，而且大部分时候都耽在那孤塔上，再加上他发育时所受到的折磨，他长大了后，当然是个很矮小的人。

那女子练的功夫却是健康的，发育也非常健全。

等他们历尽千辛万苦，重新相聚的时候，他们的满怀热望忽然像冰一样被冻住了。

那男孩子站在女孩子面前，简直就像是个侏儒。

这种结局本来充满对人生的讽刺，本来应该是个很尖酸的悲剧。

但是我不肯。

我还是让他们两人结合了，而且是江湖中最受人羡慕、最受人尊敬的一对恩爱夫妻。

因为他们的爱情并没有因任何事改变，所以值得受人尊敬。

这悲剧竟变成了喜剧。

丘吉尔是个伟人，也是个很乐观的人，他说过一句发人深省的话：

“不幸的遭遇，常能使人逃避更大的不幸。”

只要你能抱着这种看法，生命中就没有什么事能打击你了。

失败虽然不好，但成功却往往是从失败中得来的。

06

但人生中的确有很多悲剧存在，所以任何作者都不能避免要写悲剧。

《萧十一郎》就是个悲剧。

一对武林中最受人尊敬的夫妻，妻子竟然爱上了个声名狼藉的大盗。

在当时的社会中，这无疑是个悲剧。

有很多写作的朋友在谈论这故事时，都说萧十一郎最后应该为沈璧君而死的，这样才能让读者留下一个邑辛酸却美丽的回忆，这样的格调才高。

我还是不愿意。

在最后，我还是为这对恋人留下了一条路，还是为他们留下了希望。

阿飞的故事也是悲剧。

他爱上了一个最不值得他爱的女人，而她根本不爱他。

在这种情况下，悲剧的结局是无法避免的。

但阿飞却并没有因此而倒下去，他反而因此而领悟了真正的人生和爱情。

他并没有被悲哀击倒，反而从悲哀中得到了力量。

这就是《多情剑客无情剑》和《铁胆大侠魂》的真正主题。

但是这概念并不是我创造的，我是从毛姆的《人性枷锁》中偷来的。

模仿绝不是抄袭。

我相信无论任何人在写作时，都免不了要受到别人的影响。

《米兰夫人》虽然是在德芬·杜·莫里哀的阴影下写成的，但谁也不能否认它还是一部伟大的杰作。

在某一个时期的琼瑶作品中，几乎到处都可以看到《蝴蝶梦》和《呼啸山庄》。

《蓝与黑》这名字，也绝不是抄袭《红与黑》的，因为它有自己的思想和意念。

你若被一个人的作品所吸引所感动，在你写作时往往就会不由自主地模仿它。

我写《流星·蝴蝶·剑》时，受到《教父》的影响最大。

《教父》这部书已被马龙·白兰度拍成一部非常轰动的电影，《流星·蝴蝶·剑》中的老伯，就是“教父”这个人的影子。

他是“黑手党”的首领，顽强得像是块石头，却又狡猾如狐狸。

他虽然作恶，却又慷慨好义，正直无私。

他从不怨天尤人，因为他热爱生命，对他的家人和朋友都充满爱心。

我看到这么一个人物时，写作时就无论如何也丢不开他的影子。

但我却不承认这是抄袭。

假如我能将在别人杰作中看到的那些伟大人物全都介绍到武侠小说中来，就算被人侮骂讥笑，我也是心甘情愿的。

武侠小说中，现在最需要的，就是一些伟大的人、可爱的人，绝不是那些不近人情的神。

无论写哪种小说，都要写得有血有肉，但却绝不是那种被剑刺出来的血，被刀割下来的肉，更不是那种“血肉横飞”“血肉模糊”的血肉。

我说的血肉，是活生生的，是活生生的有血有肉的人。

我说的血，是热血，就算要流出来，也要流得有价值。

铁中棠、李寻欢、郭大路……都不是喜欢流血的人。

但是他们宁可自己流血，也不愿别人为他们流泪。

他们的满腔热血，随时都可以为别人流出来，只要他们认为他们做的事有价值。

他们随时可以为了他们真心所爱的人而牺牲自己。

他们的心里只有爱，没有仇恨。

这是我写过的人物中，我自己最喜欢的三个人。

但他们是人，不是神。

因为他们也有人的缺点，有时也受不了打击，他们也会痛苦、悲哀、恐惧。

他们都是顶天立地的男子汉，但他们的性格却是完全不同的。

铁中棠沉默寡言，忍辱负重，就算受了别人的冤屈和委屈，也从无怨言，他为别人所作的牺牲，那个人从来不会知道。

这种人的眼泪是往肚子里流的，这种人就算被人打落牙齿，也会和着血吞下肚子里去。

但郭大路却不同了。

郭大路是个大叫大跳、大哭大笑的人。

他要哭的时候就大哭，要笑的时候就大笑，朋友对不起他时，他会指着这个人的鼻子大骂，但一分钟之后，他又会当掉裤子请这个人喝酒。

他喜欢夸张，喜欢享受，喜欢花钱。他从不想死，但若要他出卖朋友，他宁可割下自己的脑袋来也绝不答应。

他有点轻佻，有点好色，但若真正爱上一个女人时，无论什么事都不能令他改变。

李寻欢的性格比较接近铁中棠，却比铁中棠更成熟，更能了解人生。

因为他经历的苦难太多，心里的痛苦也隐藏得太久。

他看来仿佛很消极，很厌倦，其实他对人类还是充满了热爱。

对全人类都充满了热爱，并不仅是对他的情人，他的朋友。

所以他才能活下去。

他平生唯一折磨过的人，就是他自己。

李寻欢和铁中棠、郭大路还有几点不同的地方。

他并不是个健康的人，用现代的医药名词来说，他有肺结核，常常会不停地咳嗽，有时甚至会咳出血来。

在所有的武侠小说主角中，他也许是身体最不健康的人。

但他的心理却是绝对健康的，他的意志坚强如钢铁，控制力也很少有人能比得上。

他避世、逃名，无论做了什么事，都不愿让别人知道。

可是在他活着时，就已成为一个传奇人物。

见过他的人并不多，没有听过他名字的人却很少，尤其是他的刀。

小李飞刀。

他的刀从不随便出手，但只要一出手，就绝不会落空。

我一向很少写太神奇的武功，小李飞刀却是绝对神奇的。

我从未描写过这种刀的形状和长短，也从未描写过它是如何出手，如何练成的。

我只写过他常常以雕刻来使自己的手稳定，别的事我都留给读者自己去想象。

武侠小说中的武功，本来就是全部凭想象创造出来的。

事实上，他的刀也只能想象，无论谁都无法描写出来。

因为他的刀本来就是个象征，象征着光明和正义的力量。

所以上官金虹的武功虽然比他好，最后还是死在他的飞刀下。

因为正义必将战胜邪恶。

黑暗的时间无论多么长，光明总是迟早会来的。

所以他的刀既不是兵器，也不是暗器，而是一种可以令人心振奋的力量。

人们只要看到小李飞刀的出现，就知道强权必将被消灭，正义必将伸张。

这就是我写“小李飞刀”的真正用意。

07

武侠小说中，出现过各式各样奇妙的武器。

刀枪剑戟、斧钺钩叉、鞭锏锤抓、练子枪、流星锤、方便铲、跨虎篮、盘龙棍、弧形剑、三节棍、降魔刀、判官笔、分水镢、峨嵋刺、白蜡大杆子……

刀之中又有单刀、双刀、鬼头刀、九环刀、戒刀、金背砍山刀……

这些武器的种类已够多，但作者们有时还是喜欢为他书中的主角创造出一种独门的奇特武器，有的甚至可以作七八种不同的武器使用，甚至还可以在危急时射出暗器和迷药来。

但武器是死的，人却是活的。

一件武器是否能令读者觉得神奇刺激，主要还是得看使用它的是什么人。

在我的记忆中，印象最深的有几种。

张杰鑫的《三侠剑》中，“飞天玉虎”蒋伯芳用的亮银盘龙棍。

这条棍的本身，并没有什么奇特的地方，绝对比不上“金镖”胜英用的鱼鳞紫金刀，更比不上“海底捞月”叶潜龙用的削铁如泥的宝剑，也比不上“混海金鳌”孟金龙用的降魔杵。

就因为使用它的人是“飞天玉虎”蒋伯芳，所以才让我留下了极深刻的印象。

二十年前我看这本小说时，只要一看到蒋伯芳亮出他的盘龙棍，我的心就会跳。

“鹰爪王”的手是种武器，铁脚板的脚也是种武器，倪匡最喜欢为他电影故事中的主角创造新招式、新武器，每一种都能让人留下很深刻的印象。

他丰富的想象力好像永远都用不完的。

但是武侠小说最常见的武器，还是刀和剑。

尤其是剑。

正派的大侠们，用的好像大多数是剑。

一尘道长的剑，李慕白的剑，黑摩勒的剑，上官瑾的剑，展昭的剑，金蛇郎君的剑，红花会中无尘道长的剑，“蜀山”中三英二云的剑……

这些都是令人难忘的。

但武功到了极峰时，就不必再用任何武器了，因为他“飞花摘叶，已可伤人”，任何东西到了他手里，都可以变成武器。

因为他的剑已由有形，变为无形。

所以武侠小说中的绝顶高手，通常都是宽袍大袖，身无寸铁的。

这也是种很有趣的现象。

好像从来都没有怀疑过，一个人的血肉之躯，是不是能比得上杀人的利器？

暗器也是杀人的利器。

有很多人都认为，暗器是雕虫小技，既不够光明正大，也算不了什么本事，所以真正的英雄好汉，是不该用暗器的。

其实暗器也是武器的一种。

你若仔细想一想，就会发现现代的武器其实就是暗器。

手枪和神箭又有什么分别？机关枪岂非就是古时的连珠弩箭？

练暗器也跟练刀练剑一样，也是要花苦功夫的，练暗器有时甚至比练别的武器还要困难些。

苦练暗器的人，不但要有一双锐利的眼睛，还要有一双稳定的手。

只要你不在背后用暗器伤人，暗器就是完全不可非议的。

武侠小说中令人难忘的暗器也很多。

俞三绝的“十二金钱镖”、“弹指神通”的毒砂、柳家父女的铁莲子……

这些虽不是白羽所创造的暗器，但是他的确描写得很好。

王度庐的小说中，描写的玉娇龙的小弩箭，也跟她的人一样，骄纵、泼辣，绝不给人留余地。

他已将玉娇龙的性格和她的暗器融为一体，这种描写无疑是非常成功的。

《书剑恩仇录》中的“千手如来”赵半山，是武侠小说中暗器最犀利，心肠却最慈最软的人。

《七侠五义》中的“白眉毛”徐良也一样，他的全身上下都是暗器，无论在任何情况、任何角度下，都可以发出暗器来。

“金镖”胜英的甩头一字、迎门三不过，孟金龙的飞抓，上官瑾的铁胆，郑证因写的子母金梭，出手双绝……

这些都是描写得很成功的暗器。

但在武侠小说中被写得最多的，还是四川“唐门”的毒药暗器。

四川是不是真的有“唐门”这一家人，谁也不能确定。

但我相信有很多人都跟我自己一样，几乎都已相信他的存在。

因为这一家人和他们的毒药暗器，几乎在每一个武侠小说作家的作品中都出现过，几乎已和少林、武当这些门派同样真实。

假如它只不过是凭空创造出来的，那么这创造实在太成功了。

只可惜现在谁也记不得究竟是哪一位作者先写出这一家人来的。

在《名剑风流》中，我曾将这一家人制造暗器的方法加以现代化，就好像现在的间谍小说中，制造秘密武器一样。

我写的时候自己觉得很愉快、很得意，因为我认为唐家既能以他的暗器在武林中独树一帜，那么这种暗器当然是与众不同的，制造它的方法当然应该要保密。

但现在我的观念已改变了。

唐家暗器的可怕，也许并不在于暗器的本身，而在于他们发暗器的手法。

暗器也是死的，人才是活的。

一张平凡的弓，一支平凡的箭，到了养由基手里，就变成神奇了。

所以现在我已将写作的重点，完全放在“人”的身上。

各式各样的人，男人、女人。

无论谁都不能否认，这世界上绝不能没有女人。

“永恒的女性，引导人类上升。”

所以连武侠小说中也不能没有女人。

女人也跟男人一样，有好的，有坏的，有可爱的，也有可恨的。

俞秀莲是个典型的北方大姑娘，豪爽、坦白、明朗，但她也是个典型的旧式女性。

所以她虽然深爱着李慕白，却不敢采取主动来争取自己的幸福。

她虽然很刚强，但心里有委屈和痛苦时，也只有默默地忍受。

若是我写这故事，结局也许就完全不同了。

我一定会写她跟定了李慕白，李慕白走到哪里，她就跟到哪里，因为她爱他，爱得很深。

这种写法当然不如王度庐的写法感人，我自己也知道。

但我还是会这么样写的。

因为我实在不忍让这么一个可爱的女人，痛苦孤独一生。

王度庐写玉娇龙，虽然骄纵、任性，但始终还是不敢，也不愿意光明正大地嫁给罗小虎。

因为她总觉得自己是个千金小姐，罗小虎是个强盗，总认为罗小虎配不上她，世俗的礼教和看法，已在她心里生了根。

俞秀莲不能嫁李慕白，是被动的，玉娇龙不能嫁罗小虎，却是她自己主动的。

所以我不喜欢玉娇龙。

所以我写沈璧君，她虽然温柔、顺从，但到了最后关头，她还是宁愿牺牲一切，去跟着萧十一郎。

我总认为女人也有争取自己幸福的权利。

这种观念在那种时代当然是离经叛道，当然是行不通的。

但又有谁能否认，当时那种时代里，没有这种女人？

《铁胆大侠魂》中的孙小红，《绝代双骄》中的苏樱，《大人物》中的田思思……就都是在这种观念下写成的。

她们敢爱，也敢恨，敢去争取自己的幸福，但她们的本性，并没有失去女性的温柔和妩媚，她们仍然还是个女人。

女人就应该是个女人。

这一点看法我和张彻先生完全相同，我的小说中是完全以男人为中心的。

在很小的时候，我就不喜欢看那种将女人写得比男人还要厉害的武侠小说。

我不喜欢《罗刹夫人》，就因为朱贞木将罗刹夫人写得太厉害了，沐天澜在她面前，简直就像是个只会吮手指的孩子。

这并不是因为我看不起女人——我从来也不敢看不起女人，英雄如楚之霸王项羽，在虞姬面前也服帖得很。

但虞姬若也像项羽一样，叱咤风云，跃马横枪于千军万马之中，那么她就不是个可爱的女人了。

女人可以令男人降服的，应该是她的智慧、体贴和温柔，绝不该是她的刀剑。

我尊敬聪明温柔的女人，就和我尊敬正直侠义的男人一样。

“侠”和“义”本来是分不开的，只可惜有些人将“武”写得太多，

“侠义”却写得太少。男人间那种肝胆相照、至死与共的义气，有时甚至比爱情更伟大、更感人！

王度庐写李慕白和俞秀莲之间的感情固然写得好，写李慕白与德啸峰之间的义气写得更好。

德啸峰对李慕白的友情，是完全没有条件的，他将李慕白当作自己的兄弟手足，他为李慕白做事，从不希望报答。

他获罪后被发放离家时，还高高兴兴地拍着李慕白的肩膀，说自己早就想到外面去走动走动了，还再三要李慕白不要为他难受。

他被人欺负时，还生怕李慕白为了替他出气而杀人获罪，竟不敢让李慕白知道。

这种友情是何等崇高，何等纯洁，何等伟大！

李寻欢对阿飞也是一样的，他对阿飞只有付出，从不想收回什么。

爱情是美丽的，美丽如玫瑰，但却有刺。

“世上唯一无刺的玫瑰就是友情！”

爱情虽然比友情强烈，但友情却更持久，更不计条件，不问代价。

勇气也应该是持久的。

在一瞬间凭血气之勇去拼命，无论是杀了人，还是被杀，都不能算是真正的勇气。

苏轼在他的《留侯论》中曾经说过：

“匹夫见辱，拔剑而起，挺身而斗，此不足为勇也。天下有大勇者，卒然临之而不惊，无故加之而不怒，此其所挟持者甚大，而其志甚远也。”

这段文章对勇气已解释得非常透彻。

勇气是知耻，也是忍耐。

一个人被侮辱，被冤枉时，还能够咬紧牙关，继续去做他认为应该做的事，这才是真正的勇气。

所以杨过是个有勇气的人，铁中棠也是，他们绝不会因为任何外来的影响，而改变自己的意志。

敢承认自己的错误，也是种了不起的勇气。

武侠小说中若能多描写一些这种勇气，那么武侠小说的作者一定比现在更受人尊敬了。

二、古龙生平及著作简编

1938年6月7日，生于香港，本名熊耀华。

1950年，举家迁往台湾。

1951年，就读于台湾师范学院附属中学。

1954年，以笔名“古龙”发表译作《神秘的贷款》。同年秋，考入省立成功中学。其间大量写诗，投稿《蓝星诗刊》等。

1955年，父亲熊飞抛弃家庭。不久古龙也离家出走，并加入四海帮。11月，发表处女作《从北国到南国》，开启了他的职业写作生涯。

1957年，就读于淡江英语专科学校英语科。次年肄业。

1960年，第一部武侠小说《苍穹神剑》由第一书社出版。《剑毒梅香》由清华印行、国华出版四集。《剑气书香》《湘妃剑》《孤星传》由真善美出版社出版。《游侠录》由海光出版。

1961年，华源出版《飘香剑雨》和《神君别传》。第一书社出版《月异星邪》《残金缺玉》。明祥出版《失魂引》《剑客行》。

1962年，春秋出版《彩环曲》《护花铃》。

1963年，真善美出版《情人箭》《大旗英雄传》。

1964年，真善美出版《浣花洗剑录》。

1965年，春秋出版《武林外史》《名剑风流》。胡正群《〈名剑风流〉创作前后》称，《名剑风流》出版后古龙声名鹊起，与“武坛三剑客”并列。

1967年，真善美出版《铁血传奇》。

1968年，发表《此“茶”难喝——小说武侠小说》，为古龙最早的笔战文章之一，是他求新求变的起点。

1969年，春秋出版《绝代双骄》《多情剑客无情剑》《借尸还魂》。

1970年，春秋出版《蝙蝠传奇》。香港武侠春秋出版《萧十一郎》。

1971年，武林出版《流星·蝴蝶·剑》。春秋出版《欢乐英雄》《大人物》。《欢乐英雄》是古龙依事件而非依时序叙述的得意之作。

1972年，春秋出版《侠名留香后传》（即《桃花传奇》）。香港武侠春秋出版《长生剑》与《风云第一刀》（即《边城浪子》）。

1973年，香港武侠春秋出版《孔雀翎》《碧玉刀》《多情环》《七杀手》。南琪出版社出版《火并萧十一郎》与《大游侠》（即陆小凤系列作品）。香港武林出版《九月鹰飞》。汉麟出版《绝不低头》，这是古龙作品中唯一一部现代动作小说。

1974年，南琪出版《血鹦鹉》。

1975年，香港武侠春秋出版《霸王枪》。南琪出版《天涯·明月·刀》。

1976年，武林出版《白玉老虎》。香港武侠春秋出版《三少爷的剑》。

1977年，武林出版《碧血洗银枪》《大地飞鹰》。

古龙染上肝病。

1978年，香港武侠春秋出版《刀神》，同年汉麟出版社将《刀神》更名为《圆月弯刀》出版。春秋出版《离别钩》。武侠图书杂志出版社出版《七星龙王》。

1979年，万盛出版《英雄无泪》。香港武林出版《玉剑传奇》（即《新月传奇》）。

1981年，万盛出版《飞刀，又见飞刀》。

1982年，万盛出版《剑神一笑》。

1983年，万盛出版《午夜兰花》。

1984年，万盛出版《风铃中的刀声》。

古龙因肝病住院。

1985年，万盛出版《大时代武侠故事之一猎鹰》与《大时代武侠故事之二赌局》。

1985年，9月19日因拼酒而食道出血住院。9月21日傍晚病逝。

三、古龙妙语辑录——进入古龙世界的捷径

（一）骑最快的马，喝最烈的酒

酒之一物真奇妙，你愈不想喝醉的时候，醉得愈快；到了想喝醉的时候，反而醉不了。

——《小李飞刀：多情剑客无情剑》

在李寻欢的感觉中，天下若还有件事比“不喝酒”更难受，那就是“和讨厌的人在一起喝酒”。

——《小李飞刀：多情剑客无情剑》

酒质最纯，更纯于水，是以祭祀祖先天地时都以酒为醴，无论在任何地方喝酒，都绝无丝毫不敬之处。

——《小李飞刀：多情剑客无情剑》

愈是年轻的人，酒喝得愈快，因为喝酒也需要勇气。

愈有勇气的人，醉得自然也愈快。

——《小李飞刀：多情剑客无情剑》

喝酒痛快的人，心地总比较直爽些，你绝不会看到喝醉酒的人，还在打主意害人的。

——《欢乐英雄》

酒，通常都能带给人一种奇怪的精神和力量。但这种力量却是种骗人的力量——就算骗不到别人，至少总可以骗骗他自己。

——《陆小凤传奇2：绣花大盗》

酒是好酒，朋友也是好朋友。

对一个喜欢喝酒的人来说，好朋友的意思，通常就是酒量很好的朋友。

——《陆小凤传奇5：幽灵山庄》

如果你心里有痛苦，喝醉了是不是就会忘记？

不是！

——为什么？

因为你清醒后更痛苦。

——《陆小凤传奇6：凤舞九天》

酒唯一比水好的地方，就是酒永远不会使人太清醒。

——《楚留香新传3：桃花传奇》

一个人喝酒虽然无趣，至少总比没有酒喝好一点。

——《楚留香新传4：新月传奇·午夜兰花》

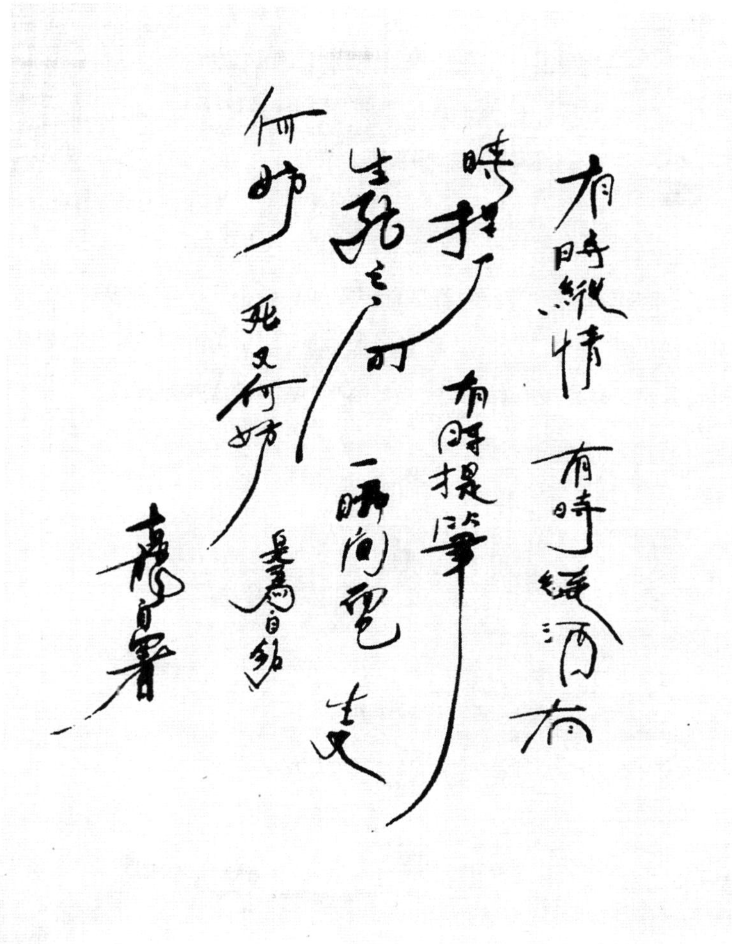

有时纵情，有时纵酒。有时提刀，有时提笔。生死之间，一瞬间而已。生又何妨，死又何妨。是为自铭。——古龙

一个人有了五六分酒意的时候，正是他最清醒的时候。

——《楚留香新传4：新月传奇·午夜兰花》

喝酒就好像下棋，自己跟自己下棋固然是穷极无聊，一个人喝酒也实在无趣得很，萧十一郎从不愿意喝独酒。

——《萧十一郎》

醉了，醉得真快，一个人若是真想喝醉，他一定会醉得很快。

因为他纵然不醉，也可以装醉。最妙的是，一个人若是一心想装醉，那么到后来往往会连他自己也分不清究竟是装醉，还是真醉了。

——《萧十一郎》

他只想能快点喝醉，头脑却偏偏很清醒。

因为“痛苦”本就能令人保持清醒，就算你已喝得烂醉如泥，但心里的痛苦还是无法减轻。

——《萧十一郎》

酒是人类的朋友，尤其失意的人。

——《火并萧十一郎》

英雄若不病酒，正如美人不多愁一般，总令人觉得缺少些风味，只是这病酒之事，史书不传而已。

——《武林外史》

（二）得一知己，死而无憾

一个人一生中若能交到一个可以生死与共的义气朋友，那当真比任何东西都要珍贵得多。

——《小李飞刀：多情剑客无情剑》

一个最可靠的朋友，固然往往会是你最可怕的仇敌，但一个可怕的对手，往往也会是你最知心的朋友。

因为有资格做你对手的人，才有资格做你的知己。

因为只有这种人才能了解你。

——《小李飞刀：多情剑客无情剑》

他并没有为郭嵩阳做过什么，但郭嵩阳却不惜为他去死。

这就是真正的“友情”。

这种友情既不能收买，也不是可以交换得到的，也许就因为世间还有这种友情存在，所以人类的光辉才能永存。

——《小李飞刀：多情剑客无情剑》

但吕凤先却没有生气，心里反而忽然觉得有种奇特的温暖之意，因为他已从李寻欢的眸子里看到了一丝友情的光辉。

这也许就是唯一能驱走人间寂寞与黑暗的光辉。

这是永恒的光辉，只要人性不灭，就永远有友情存在。

——《小李飞刀：多情剑客无情剑》

朋友跟酒一样，都是老的好。

——《小李飞刀3：九月鹰飞》

你明明知道你的朋友在饿着肚子时，却偏偏要恭维他是个可以不食人间烟火的神仙，是条宁可饿死也不求人的硬汉。

你明明知道你的朋友要你寄钱给他时，却只肯寄给他一封充满了安慰和鼓励的信，还告诉他自力更生是件多么高贵的事。

假如你真的是这种人，那么我可以保证，你唯一的朋友就是你自己。

——《陆小凤传奇：金鹏王朝》

一个人到了山穷水尽时，忽然发觉自己还有个朋友，这种感觉绝不是任何事所能代替的。甚至连爱情都不能。

——《陆小凤传奇3：决战前后》

假如你曾经认为一个人是你的朋友，那么这个人永远都是。

——《陆小凤传奇3：决战前后》

朋友要走了，为什么不让他带着笑走？能够让朋友笑的时候，就绝不让朋友生气难受——这是陆小凤的原则。可是他一定要分清谁是仇敌，谁是朋友。

——《陆小凤传奇3：决战前后》

朋友，还是这个世界上最令人愉快的东西。

友谊，更是这个世界上最不能缺少的东西。

——《陆小凤传奇6：凤舞九天》

情人虽是新的好，但朋友总是老的好。

——《楚留香新传2：蝙蝠传奇》

好酒难得，好友更难得。

——《楚留香新传4：新月传奇·午夜兰花》

有些人彼此之间，仿佛有种很奇怪的吸引力，正如铁和磁石一样，彼此只要一遇着，就会被对方牢牢地吸住。

这些人只要彼此能在一起就会觉得很开心，睡地铺也没关系，饿两顿也没关系，甚至连天塌下来他们都不会在乎。

——《欢乐英雄》

这就是朋友。

他们能分享你的快乐，也能分担你的痛苦。

你若有困难，他们愿意帮助。

你若有危险，他们愿意为你挺身而出。

就算你真的做错了什么事，他们也能谅解。

在这种朋友面前，你还有什么秘密不能说的？

——《欢乐英雄》

“为朋友而死的人，是绝不会下地狱的。”

但朋友若都在地狱里，他们也许宁可下地狱，也不愿上天堂。

——《欢乐英雄》

生命本就是一片空白，本就要许许多多有价值的事去充实它，其中若是缺少了友情，剩下的还有多少？

——《三少爷的剑》

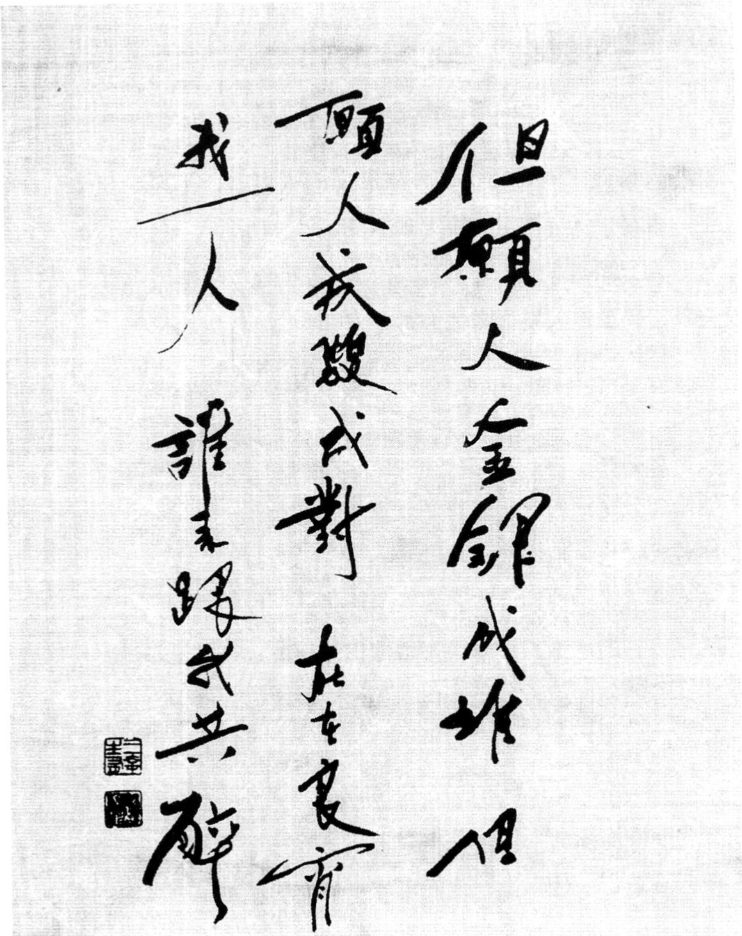

但愿人金银成堆，但愿人成双成对。在在良宵我一人，谁来跟我共醉？——古龙

亲密的朋友不一定是好朋友。

譬如说，“酒”和“赌”，这一对朋友就很亲密，亲密得已很少有人能把他们分开。但这对朋友实在糟透了。

所以赌鬼通常也是酒鬼。

有的人一喝了酒，就想赌；有的人一开始赌，就想喝酒。

结果呢？

结果是，愈输愈喝，愈喝愈输；不醉不休，输光为止。

所以赌场里一定有酒，而且通常都是免费的酒，随便你爱喝多少，就喝多少。

你可以尽管喝，那意思就是你也可以尽管输。

——《大人物》

（三）美丽又复杂的女人

只有骄傲和自信，才是女人最好的装饰品。

——《小李飞刀：多情剑客无情剑》

世上绝没有任何一个男人能真的了解女人，若有谁认为自己很了解女人，他吃的苦头一定比别人更大。

——《小李飞刀：多情剑客无情剑》

无论在什么时候，你若想要一个女人的命并不是件困难的事，可是你如果想要一个女人不吃醋，那简直是做梦。

——《陆小凤传奇6：凤舞九天》

一个正在吃醋的女人，通常都是没什么道理可讲的。

——《陆小凤传奇6：凤舞九天》

大多数女人都会将孩子看得比自己还重要，这是母性，也正是女性的荣光，人类的生命也正因为这缘故才能永远延续。

但孩子若还没有出世，就完全不同了。

女人对自己还没有生出来的孩子，绝不会有很深的感情、很大的爱心。

因为这时她的母性还未完全被引发。

这是人性。

母性是完美的，至高无上的，完全不自私、不计利害、不顾一切，也绝不要求任何代价。

但人性却是有弱点的。

——《萧十一郎》

笑得甜的女人，将来的运气都不会太坏。

——《大人物》

脂粉虽可令女人们变得年轻美丽，但无论多珍贵的脂粉，也比不上她自己脸上那种又羞涩、又甜蜜的微笑。

所以世上绝没有难看的新娘子。

——《大人物》

一个少女的心，实在妙得很。

她们有时悲哀，有时欢喜，有时痛苦，有时愤怒，但却很少会发觉到真正的恐惧。

恐惧本是人类最原始、最深切的一种情感。

但是在少女们的心目中，恐惧却好像并不是一种很真实的感觉。

因为她们根本就没有认真去想过这种事。

何苦去问一个少女，在临死前想的是些什么？她的回答一定是你永远也想不到的。

有个很聪明的人，曾经问过很多少女一个并不很聪明的问题。

"你觉得什么是世上最可怕的事？"

他得到很多种不同的回答。

"被自己所爱的人抛弃最可怕。"

"洗澡时发现有人偷看最可怕。"

"老鼠最可怕——尤其是老鼠钻进被窝时更可怕。"

"和一个讨厌鬼在一起吃饭最可怕。"

"半夜里一个人走黑路最可怕。"

"肥肉最可怕。"

还有些回答简直是那聪明人连想都没有想到过的，简直令人哭笑不得。

但却从来没有一个女孩子的回答是："死最可怕。"

——《大人物》

当一个男人和女人单独相处时，问话的通常都是女人。

这种情况男人并不喜欢，却应该觉得高兴。

因为女人若不停地问一个男人各种奇奇怪怪的问题，无论她问得多愚蠢，都表示她至少并不讨厌你。

她问的问题愈愚蠢，就表示她愈喜欢你。

但她若连一句话都不问你，你反而在不停地问她。

那就糟了。

因为那只表示你很喜欢她，她对你却没有太大的兴趣。

也许连一点兴趣都没有——一个女人若连问你话的兴趣都没有了，那她对你还会有什么别的兴趣？

这情况几乎从没有例外的。

——《大人物》

一个女孩子若是对别人全都很和气，只有对你不理不睬，那也许就是说她心里没有别人，只有你。

——《欢乐英雄》

（四）天下最复杂，莫过人心与人性

世上最难了解的，就是人心和人性。

——《小李飞刀：多情剑客无情剑》

面具换得多了，渐渐就会忘记自己本来是什么样的一张脸。

——《小李飞刀：多情剑客无情剑》

一个人只有在很想“得到”的时候，才会怕“失去”。

这种患得患失的感觉，也正是人类许多种弱点之一。

——《小李飞刀：多情剑客无情剑》

世上也唯有能满足的人，才能领略到真正的快乐。

——《小李飞刀：多情剑客无情剑》

人们对自己不懂的事，总会觉得有些害怕的。

——《小李飞刀：多情剑客无情剑》

爱的力量永远比仇恨伟大。有时仇恨看来虽然更尖锐，更深切，但只有爱的力量才是永恒不变的。

——《小李飞刀2：边城浪子》

一个人的欲望若是太多、太大，就一定会老得很快。欲望就是人类最大的痛苦。

——《小李飞刀4：天涯·明月·刀》

一个人内心深处，往往会有些秘密是自己都不知道的——也许并不是真的不知道，只不过不敢去把它发掘出来而已。

——《陆小凤传奇4：银钩赌坊》

你若也想和陆小凤一样，受人爱戴尊敬，就一定要先明白一件事。

——真正能令人折服的力量，绝不是武功和暴力，而是忍耐和爱心。

这并不是件容易事，除了广阔的胸襟外，还得要有很大的勇气！

——《陆小凤传奇4：银钩赌坊》

“情”字和石头绝不一样，你无论用多大力气，都踢不走的。你以为已将它踢走时，它一下子却又弹了回来，你用的力气愈大，它弹回来的力道也愈强。你若想一脚将它踩碎，这一脚往往会踩在你自己心上。

——《楚留香新传：借尸还魂》

也许就因为他的情太多，太浓，一发就不可收拾，所以平时才总是要作出无情的样子。

——《楚留香新传3：桃花传奇》

说谎的目的，如果不是为了要讨好对方，就是为了要保护自己。

——《七种武器3：离别钩·霸王枪》

无论多恶毒周密的计划，都终必会失败的，因为人还有一种更强大的力量存在。那就是人类的信心和爱心。

——《七种武器3：离别钩·霸王枪》

这是大仁大勇者心中的秘密，这是大智大慧者心中的弱点，这也是武林中神话般的英雄心中的人性，只是，他那闪亮的地位与声名，已闪花了别人的眼睛，使别人看不到这些。

世上，永远没有人会同情他生命中的寂寞，会怜悯他爱情上的不幸，因为所有人对他的情感，只有敬仰、羡慕，或者妒忌、怀恨。

这就是英雄的悲哀，只是古往今来，英雄的悲哀是最少会被别人发现的！

——《护花铃》

世人若都能保持婴儿般的心境，那么血腥和丑恶的事，就会少多了。

——《护花铃》

（五）人在江湖，身不由己，但要活出自己

只要自己问心无愧，何必去管别人怎么想，一个人是为了自己活着，并不是为了别人。

——《小李飞刀：多情剑客无情剑》

真正的快乐是在你正向上奋斗的时候。

你只要经历过这种快乐，你就没有白活。

——《小李飞刀：多情剑客无情剑》

古往今来，真正的武林高手，都是特立独行，不受影响的人。一个人若连自己的个性都没有，又怎么能练得出独特的武功来。

——《小李飞刀3：九月鹰飞》

人活着，只不过为了自己的心安快乐。若是连生趣都没有，那么就算他的声名、财富和权力都能永远保存，又有什么用?

——《小李飞刀4：天涯·明月·刀》

名妓如名侯，都是江湖人，都有一种相同的性格，都不是一般人可以用常情和常理来揣度的。

在某些时候，名妓甚至也好像名侠一样，能够把生死荣辱置之度外。

——《飞刀，又见飞刀》

那不但要苦练，还得要有一种别人无法了解的狂热与爱好。无论什么事都一样，你要求的若是完美，就得先对它有一种狂热的爱好。就像西门吹雪对剑的热爱一样。

——《陆小凤传奇3：决战前后》

假如你自己也觉得自己是个有用的人，就绝不会想死的，因为你的生命已有了价值，你就会觉得它可贵可爱。

假如你真正全心全意地去帮助过别人，就一定会明白这道理，因为只要你肯去帮助别人，就一定是个有用的人。

——《陆小凤传奇4：银钩赌坊》

一天中最黑暗的时候，也正是最接近光明的时候。

人也一样。

只要你把这段艰苦黑暗的时光挨过去，你的生命立刻就会充满了光明和希望。

——《陆小凤传奇4：银钩赌坊》

一个人若已迷失了自己，那么除了他自己外，还有谁能找得到他呢?

——《陆小凤传奇5：幽灵山庄》

他相信一个人只要有决心，无论在什么地方，都可以打出一条出路来的。

——《陆小凤传奇6：凤舞九天》

只要你能证明你自己并不是个没有用的人，你无论流多少汗，都已值得。

这就是生命的意义，只有懂得这意义的人，才能真正享受生命，才能活得快乐。

——《楚留香新传3：桃花传奇》

“花开花落，人聚人散，都是无可奈何的事。”

她的声音中确实有种无可奈何的悲哀：“人在江湖、就好像花在枝头一样，要开要落，要聚要散，往往都是身不由己的。”

——《楚留香新传4：新月传奇·午夜兰花》

“我相信每个人都有一种格局，也就是说，一种气质，一种气势，一种性格，一种智慧，这是与生俱来的，也是后天培养出来的。”

金老太太说：“一个高格局的人，就算运气再坏，也要比一个低格局的人运气最好时好得多。”

——《楚留香新传4：新月传奇·午夜兰花》

想了也没有用的事，又何必去想？

知道了反而会痛苦烦恼的事，又何必要知道？

无论在多危险恶劣的环境中，他想的都是些可以让他觉得愉快的事，可以让他的精神振奋，可以让他觉得生命还充满希望。

所以他还活着，而且活得永远都比别人愉快得多。

——《楚留香新传4：新月传奇·午夜兰花》

每个人这一生中都要做一些他本来不愿做的事，他的生命才有意思。

——《楚留香新传4：新月传奇·午夜兰花》

忍受的另一种意思就是奋斗！

继续不断的忍受，也就是继续不断的奋斗，否则你活得就全无意思。

江湖路上百战艰辛，此一生生世飘零。人未醉，只胸中有一股悲愤填膺。——古龙

因为生命本就是在苦难中成长的!

——《大人物》

人生正和赌博一样，若是必胜无疑，这场赌就会变得很无趣，一定要有输赢才刺激。

——《萧十一郎》

一个人走入了江湖，就好像骑上虎背，要想下来实在太困难。

——《流星·蝴蝶·剑》

这就是江湖人的命运，生活在江湖中，就像是风中的落叶、水中的浮萍，往往都是身不由主的。

——《三少爷的剑》

谢晓峰道："有句话你千万不可忘记。"

铁开诚道："什么话？"

谢晓峰道："只要你一旦做了江湖人，就永远是江湖人。"

铁开诚道："我也有句话。"

谢晓峰道："什么话？"

铁开诚道："只要你一旦做了谢晓峰，就永远是谢晓峰。"

——《三少爷的剑》

（六）寂寞，浪子的标配

一个真正的高手活在世上，必定是寂寞的，因为别人只能看到他们辉煌的一面，却看不到他们所牺牲的代价，所以根本就没有人能了解他。

——《小李飞刀：多情剑客无情剑》

寂寞，可怕的寂寞。

一个人在真正寂寞时又沉醉，就像是在水里快被淹死时一样，只要能抓住一样可以抓得住的东西，就再也不想放手了。

——《小李飞刀2：边城浪子》

流浪在天涯的浪子们，他们几时享受过"过年"的吉祥和欢乐，别人在过年的时候，岂非也正是他们最寂寞的时候。

——《小李飞刀3：九月鹰飞》

在如此寒冷的冬夜里，一个寂寞的浪子，又怎么能心不酸？

寂寞，刀一样的寂寞。

对一个幸福的人来说，寂寞并不可怕，有时甚至反而是种享受。

可是等到他的幸福已失去时，他就会了解寂寞是件多么可怕的事了。

有时那甚至比刀锋更尖锐，一下子就能刺入你的心底深处。

——《小李飞刀3：九月鹰飞》

做一个无拘无束的浪子，虽然也有很多欢乐，可是欢乐后的空虚和寂寞，却是很少有人能忍受的。

也很少有人能了解，失眠的长夜，曲终人散时的惆怅，大醉醒来后的沮丧……那是什么滋味，也只有他们自己心里才知道。

——《陆小凤传奇3：决战前后》

流浪也是种疾病，就像是癌症一样，你想治好它固然不容易，想染上这种病也同样不容易。

所以无论谁都不会在一夜间变成浪子，假如有人忽然变成浪子，一定有某种特别的原因。

据说陆小凤在十七岁那年，就曾经遇到件让他几乎要去跳河的伤心事，他没有去跳河，只因为他已变成浪子。

——《陆小凤传奇4：银钩赌坊》

“贫穷”岂非也正是寂寞的一种？寂寞岂非总是会跟着贫穷而来？

你有钱的时候，寂寞总是容易打发的，等到你囊空如洗时，你才会发现寂寞就像是你自己的影子一样，用鞭子抽都抽不走。

——《陆小凤传奇4：银钩赌坊》

古来英雄多寂寞……一个人在低处时，总想往高处走，但走得愈高，跟上去的人就少，等他发现高处只剩下他一个人时，再想回头已来不及了。

——《楚留香新传：借尸还魂》

人生之路，是崎岖、蜿蜒而漫长的，爬得越高的人，寂寞就越重，直到他爬上了巅峰，也许他才会发现巅峰上所有的，除了黄金色的声名荣誉，银白色的成功滋味外，便只有灰黑色的寂寞。

——《护花铃》

萧十一郎道："你我萍水相逢，你请我喝酒，喝完了我就走，我若知道你的名字，心里难免感激，日后少不得要还请你一顿，那么现在这酒喝得就无趣了，所以这姓名么……我不必告诉你，你也是不说的好。"

——《萧十一郎》

他这一生永远都是个"局外人"，永远都是孤独的，有时他真觉得累得很，但却从不敢休息。

因为人生就像是条鞭子，永远不停地在后面鞭打着他，要他往前面走，要他去找寻，但却又从不肯告诉他能找到什么……

他只有不停地往前走，总希望能遇到一些很不平凡的事，否则，这段人生的旅途岂非就太无趣?

——《萧十一郎》

有些人纵然天天在和别人说笑游乐，但心里却比谁都寂寞，有些人虽然整天独坐，但只要想到远方也有个人在想着他，他也就不会觉得寂寞了。

——《名剑风流》

寂寞，多么可怕的寂寞。

只有经常忍受寂寞的人，才知道突然感觉到不再寂寞是多么幸福，多么快乐。

只可惜这种快乐太难得。

有时纵然有成群人围绕着你，你还是会觉得寂寞无法忍受。

——《流星·蝴蝶·剑》

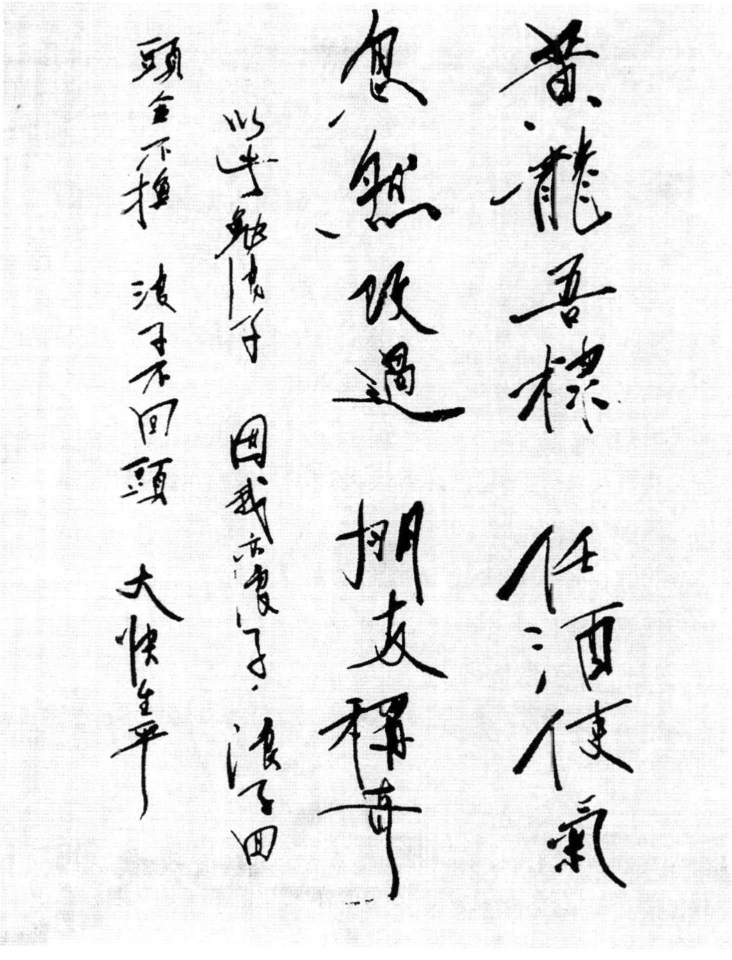

黄龙吾棣，任酒使气。忽然改过，朋友称奇。以此勉浪子，因我亦浪子，浪子回头金不换。浪子不回头，大快生平。——古龙

真正的寂寞是什么样子？也许没人能说得出来，因为那时你根本就不知道自己在想什么。

——《大人物》

（七）读一遍就上瘾的古龙体

他不愿阿飞再想这件事，忽然抬头笑道：“你看，这棵树上的梅花已开了。”

阿飞道：“嗯。”

李寻欢道：“你可知道已开了多少朵？”

阿飞道：“十七朵。”

李寻欢的心沉落了下去，笑容也冻结。

因为他数过梅花。

他了解一个人在数梅花时，那是多么寂寞。

——《小李飞刀：多情剑客无情剑》

也不知过了多久，阿飞才缓缓道：“是你。”

李寻欢道：“是我。”

阿飞道：“你毕竟还是来了。”

李寻欢道：“我毕竟还是来了。”

阿飞道：“我知道你一定会来的。”

李寻欢道：“我是一定要来的。”

——《小李飞刀：多情剑客无情剑》

冷风如刀，以大地为砧板，视众生为鱼肉。万里飞雪，将穹苍作洪炉，熔万物为白银。

——《小李飞刀：多情剑客无情剑》

他看着叶开手里的花生，道："放下去。"

叶开道："我不能吃你的花生？"

这人冷冷道："不能，你可以叫我杀了你，也可以杀了我，但却不能吃我的花生。"

叶开道："为什么？"

这人道："因为路小佳说的。"

叶开道："谁是路小佳？"

这人道："我就是。"

——《小李飞刀2：边城浪子》

叶开忍不住又道："你为什么还是戴着这草帽？"

墨九星道："因为外面有狗在叫。"

叶开怔了怔，道："外面有狗叫，跟你戴草帽又有什么关系？"

墨九星冷冷道："我戴不戴草帽，跟你又有什么关系？"

——《小李飞刀3：九月鹰飞》

"天涯远不远？"

"不远！"

"人就在天涯，天涯怎么会远？"

——《小李飞刀4：天涯·明月·刀》

蔷薇有刺，明月呢？

明月有心，所以明月照人。

她的名字就叫作明月心。

——《小李飞刀4：天涯·明月·刀》

西门吹雪吹的不是雪，是血。他剑上的血。

——《陆小凤传奇：金鹏王朝》

夜。秋夜。

残秋。

黑暗的长巷里静寂无人，只有一盏灯。

残旧的白色灯笼几乎已变成死灰色，斜挂在长巷尽头的窄门上，灯笼下却挂着个发亮的银钩，就像是渔翁用的钩一样。

银钩不停地在秋风中摇晃，秋风仿佛在叹息，叹息着这世上为何会有那么多人愿意被钓上这个银钩？

——《陆小凤传奇4：银钩赌坊》

田思思咬着嘴唇，忽又大声道："无论怎么样，你也休想要我嫁给你！"

杨凡道："你真的不嫁？"

田思思道："不嫁。"

杨凡道："决心不嫁？"

田思思道："不嫁。"

杨凡道："你会不会改变主意？"

田思思的声音更大，道："说不嫁就不嫁，死也不嫁。"

杨凡忽然站起来，恭恭敬敬地向她作了个揖，道："多谢多谢，感激不尽。"

田思思怔了怔，道："你谢我干什么？"

杨凡道："我不但要谢你，而且还要谢天谢地。"

田思思道："你有什么毛病？"
杨凡道："我别的毛病倒也没有，只不过有点疑心病。"
田思思道："疑心什么？"
杨凡道："我总疑心你要嫁给我，所以一直怕得要命。"

——《大人物》

剑气纵横三万里。
一剑光寒十九洲。

残秋。
木叶萧萧，夕阳满天。
萧萧木叶下，站着一个人，就仿佛已与这大地秋色融为一体。
因为他太安静。
因为他太冷。
一种已深入骨髓的冷漠与疲倦，却又偏偏带着种逼人的杀气。
他疲倦，也许只因为他已杀过太多人，有些甚至是本不该杀的人。
他杀人，只因为他从无选择的余地。

——《三少爷的剑》

燕十三道："杀过人后，我一定要喝酒。"
乌鸦道："没有杀人，我也喝酒。"
燕十三道："喝过酒后，我一定要去找女人。"
乌鸦道："没有喝酒，我也找女人。"
燕十三大笑，道："想不到你竟是个酒色之徒。"
乌鸦道："彼此彼此。"
他们喝得真不少。
燕十三道："你既是个酒色之徒，今天我就让你一次。"

乌鸦道："让什么？"

燕十三道："让你付账。"

——《三少爷的剑》

郭大路道："我有个秘密，已憋了很久，再不说出来，只怕就要发疯了，可是……可是我想说出来，又怕你笑我。"

王动道："你……你得的难道是……是花柳病？"

郭大路道："不是。"

王动松了口气，道："那就没关系了，你尽管说出来，我绝不笑你。"

郭大路又犹豫半天，才苦着脸道："相思病也不只一种，我得的却是最见不得人的那一种。"

王动道："为什么见不得人？窈窕淑女，君子好逑，求之不得，辗转反侧，那本是天经地义的事，有什么丢人？"

郭大路道："可是……可是……我这相思病，并不是为女人得的。"

王动也怔住了，怔了半天，才试探着问道："你相思病的对象难道是个男人？"

郭大路点点头，简直好像要哭出来的样子。

王动好像很害怕的样子，故意压低了声音，悄悄道："不会是我吧？"

郭大路看着他，也不知是想哭，还是想笑，只有板着脸道："我的病倒还没有这么重。"

——《欢乐英雄》

流星的光芒虽短促，但天上还有什么星能比它更灿烂、辉煌！

当流星出现的时候，就算是永恒不变的星座，也夺不去它的光芒。

蝴蝶的生命是脆弱的，甚至比最鲜艳的花还脆弱。

可是它永远只活在春天里。

它美丽，它自由，它飞翔。

它的生命虽短促却芬芳。

只有剑，才比较接近永恒。

一个剑客的光芒与生命，往往就在他手里握着的剑上。

但剑若也有情，它的光芒是否也就会变得和流星一样短促？

——《流星·蝴蝶·剑》

“我知道钩是种武器，在十八般兵器中名列第七，离别钩呢？”

“离别钩也是种武器，也是钩。”

“既然是钩，为什么要叫作离别？”

“因为这柄钩，无论钩住什么都会造成离别。如果它钩住你的手，你的手就要和腕离别；如果它钩住你的脚，你的脚就要和腿离别。”

“如果它钩住我的咽喉，我就要和这个世界离别了？”

“是的。”

“你为什么要用如此残酷的武器？”

“因为我不愿被人强迫跟我所爱的人离别。”

“我明白你的意思了。”

“你真的明白？”

“你用离别钩，只不过为了要相聚。”

“是的。”

——《七种武器3：离别钩·霸王枪》

谁来跟我干杯。——朋友 情人 古龙